Möglichkeiten und Risiken der Smart-Home-Technologie

Hilla Klingenberg

Bibliografische Information der Deutschen Nationalbibliothek:

Die Deutsche Nationalbibliothek verzeichnet diese Publikation in der Deutschen Nationalbibliografie; detaillierte bibliografische Daten sind im Internet über http://dnb.d-nb.de abrufbar.

ISBN: 9783346727572
Dieses Buch ist auch als E-Book erhältlich.

Druck und Bindung: Books on Demand GmbH, Norderstedt Germany
Gedruckt auf säurefreiem Papier aus verantwortungsvollen Quellen

Das vorliegende Werk wurde sorgfältig erarbeitet. Dennoch übernehmen Autoren und Verlag für die Richtigkeit von Angaben, Hinweisen, Links und Ratschlägen sowie eventuelle Druckfehler keine Haftung.

Das Buch bei GRIN: https://www.grin.com/document/1274009

FOM Hochschule für Oekonomie & Management Standort: Köln

Berufsbegleitender Studiengang zum Master of Science (M. Sc.) Marketing & Communication

Projektarbeit im Modul: Electronic Business
Thema: Smarte Lösung für Zuhause

Autorin: Hilla Klingenberg

Abgabedatum: 31.07.2022

Inhalt

1 Einleitung

1.1 Motivation

Das Internet wächst ständig. Es ist in vielerlei Hinsicht eine Bereicherung. Es hat die Art und Weise, wie wir arbeiten, kommunizieren, einkaufen und viele andere tägliche Herausforderungen bewältigen, revolutioniert. Es ist eine unersetzliche Kraft, instinktiv immer präsent und unverzichtbar. Allein im Jahr 2021 gab es weltweit 4,9 Milliarden Internetnutzer. (Statista, 2021) Das bedeutet, dass fast jede Sekunde eine Person im Internet aktiv ist. Das liegt unter anderem daran, dass der Zugang zum Internet heutzutage einfacher geworden ist. Mit Hilfe eines Tablets oder Smartphones ist es möglich, sich nicht nur lokal, sondern auch unterwegs und unterwegs mit dem Internet zu verbinden.

Das Wort Smart-Home ist in aller Munde. Bereits 2019 hatten 34% der deutschen Haushalte smarte Lichtschalter (Statista, 2021). Allerdings gibt es nur wenige Vorschriften oder Anleitungen zum sicheren Betrieb eines Smart-Homes, was dazu geführt hat, dass viele Menschen ihr Smart-Home ungeschützt in Betrieb nahmen. Im Rahmen der sogenannten Störungshaftung mussten Betreiber von WLAN-Netzen bis 2017 für rechtswidrige Handlungen Dritter in ihren Netzen haftbar gemacht werden (Consumer Center, 2021). Auch wenn sich das Gesetz geändert hat, haftet im Falle einer Zuwiderhandlung zunächst immer der Abonnent. Daher ist es wichtig, alles dafür zu tun, dass der Zugang zum eigenen Netzwerk nicht durch schlecht geschützte Smart-Home-Komponenten kompromittiert werden kann und Dritte das eigene Netzwerk nicht nutzen können.

Das Magazin Markt & Technik schreibt 2016 erneut „Das Smart-Home tritt in den Massenmarkt ein". Es wurde behauptet, dass zwischen 2016 und 2022 der Markt jährlich um etwa 14 % wachsen wird. Aus einer Analyse des Bundesministeriums für Wirtschaft und Energie (BMWi) geht hervor, dass die Verschiedene Marktforschungsunternehmen jedoch unterschiedliche Schätzungen abgeben, „jedoch erwarten sie ein starkes Wachstum im Smart-Home-Markt" (Wisser, Karolin, S2).

1.2 Problemstellung und Zielsetzung

Das eigene Zuhause wird für viele Menschen zum Lebensmittelpunkt, was mit steigenden Ansprüchen und Ansprüchen an die Lebensqualität einhergeht. Darüber hinaus fordern Verbraucher mehr Sicherheit, niedrigere Strom- und Gesundheitskosten sowie mehr Komfort in ihrem täglichen Leben. Diese Bedürfnisse stellen Marktchancen dar. Jüngste Innovationen in der Sensortechnologie, Analysetools und Touchscreens sowie das ständig wachsende Netzwerk von Objekten haben die Entwicklung neuer Lösungen im Bereich Smart-Home (Smart-Home) ermöglicht, um diese Möglichkeiten nutzen zu können.

Während es eine Fülle an wissenschaftlicher Literatur zu verwandten Themen wie Smart Grids gibt, wurde Smart-Home nicht im gleichen Maße untersucht (Balta-Ozkan et al., 2014, S. 65). Bisher hat die Forschung Smart-Home hauptsächlich aus technischer Perspektive analysiert, aber selten soziale Organisation oder wirtschaftliche Faktoren berücksichtigt. Mittlerweile gibt es eine Vielzahl von Smart-Home -Produkten und Beschreibungen einiger spezifischer Smart-Home - Geschäftsmodelle. Eine umfassende systematische Darstellung der Servicemöglichkeiten in der Smart-Home-Region fehlt jedoch (Balta-Ozkan et al., 2014, S. 65).

Die im Jahre 2021 veröffentlichte Studie von Splendid Research hat aufgezeigt, dass innerhalb eines Jahres der prozentuale Anteil der Smart-Home Anwendungen die genutzt wurden von 46 auf 40% gesunken ist. Zeitgleich aber wuchs die Zahl der Nutzer die die ganzen Möglichkeiten der Anwendungen nutzen von 12 auf 18%. Das Thema Smart-Home ist in seiner Anwendung und Nutzung sehr komplex. Daher ist das Ziel dieser Arbeit einen Einblick in das Grundwissen und auch die Möglichkeiten wie Risiken zu geben (Splendid Reseach, 10.12.2020)

2 Literaturrecherche

2.1 Methodik

Die Literaturrecherche zur Feststellung des aktuellen Forschungsstandes wurde an der Hochschule für Ökonomie und Management durchgeführt. Als Werkzeuge hierzu dienten:

- Google Scholar: https://scholar.google.de
- IEEE Xplore: https://ieeexplore.ieee.org/xplore/home.jsp

- SpringerLink: https://link.springer.com
- EBSCO Discovery Service

Als Schlüsselwörter für die Recherche aktueller Forschungsergebnisse wurden „Smart-Home", „Intelligent Home" und „smarte Technologie sowie IoT (Internet of Things) genutzt.

2.2 Literatur Review

Smart-Home technology and Smart-Home services

Ein Großteil der Forschung zur Smart-Home-Technologie befasst sich mit technischen Merkmalen oder der Rolle der Smart-Home-Technologie im IoT (Marikyan, Papagiannidis & Alamanos, 2019; Stojkoska & Trivodaliev, 2017), so dass ein erheblicher Teil der Technologieentwickler Referenzen in Literatur (Wilson , Hargreaves und Hauxwell-Baldwin, 2015; Yang et al., 2017). Obwohl die Smart-Home-Technologie aus technischer Sicht vielversprechend ist, wenn man bedenkt, welche Smart-Home-Dienste sie bieten kann, bedarf es dennoch eines gründlichen Verständnisses dafür, wie die Einführung und Akzeptanz von Smart-Home-Technologie im Haushalt am besten vermarktet und gefördert werden kann. In einem systematischen Review von Marikyan et al. (2019) zur Smart-Home-Technologieforschung stellen die Autoren fest, dass es wenig Beweise zur Frage der Akzeptanz oder Adoption von Smart-Home-Technologien gibt.

Tatsächlich erkennen Wissenschaftler wie Sanguinetti, Karlin und Ford (2018) stellten fest, dass „trotz der Hunderte von intelligenten HEM (Heimenergiemanagement)-Produkten auf dem Markt und der vielen beteiligten Interessengruppen die Verbraucherakzeptanz geringer war als erwartet" (Sanguinetti ,2018, S. 274). Studien, die die Verbraucherakzeptanz oder die Absicht zur Einführung intelligenter Technologien untersuchen, replizieren häufig etablierte Rahmenwerke wie die Theorie des geplanten Verhaltens (TPB: Theory of planned behavior) (Yang et al., 2017) oder TAM (Technologieakzeptanzmodell = Technologieakzeptanzmodell) (Hubert et al., 2018).

Die Studien von Yang et al. (2017) zeigen, dass Vertrauen und Risiko eine wichtige Rolle spielen können.

Sie beeinflussen die Wahrnehmung der Verbraucher von Smart-Home-Diensten. Dies steht im Einklang mit Untersuchungen von Demiris, Hensel, Skubic und Rantz

(2008), die gezeigt haben, dass Datenschutz, Datenzugriff und Vertrauensfragen Schlüsselthemen bei der Einführung und Nutzung von Smart-Home-Technologie sind. In ähnlicher Weise fanden Mani und Chouk (2017) diese Nützlichkeit und Aufdringlichkeit ist die zwei stärksten Prädiktoren für den Widerstand der Verbraucher gegenüber intelligenten Produkten.

In den letzten Jahren hat die Popularität von drahtlosen Netzwerken zu Hause zugenommen, und fortschrittliche Computertechnologie hat dazu geführt, dass persönliche digitale Geräte häufig über drahtlose Netzwerke kommunizieren.

3 Grundlagen intelligenter, smarter Systeme

Im den hier folgenden Kapitel sollen die Grundlagen von Smart-Home aufgezeigt werden.

3.1 Definition „Smart-Home"

Der Begriff „Smart-Home" hat mehrere Definitionen. (Balta-Ozkan et al. 2014). „Smart-Home", übersetzt „Intelligentes Zuhause" oder „Smart Living", übersetzt „Intelligentes Wohnen". Dem Haus oder der Wohnung wird Intelligenz zugeschrieben, die ein selbstständiges Handeln zulässt. Diese Bedeutung kann also mit dem automatisch funktionierenden Wohngebäude gleichgesetzt werden. Außerdem fallen Begriffe wie vernetztes Wohnen oder Connected Home, was in etwa Verknüpftes Zuhause bedeutet. Die Vernetzung meint die intelligente Kommunikation der technischen Komponenten innerhalb des Gebäudenetzwerks (Karolin Wisser, 2018).

3.2 Technische Grundlagen und Umsetzung

Verschiedene Aufgaben der Gebäudeautomation werden in standardisierten Schichten übereinander angeordnet. Verglichen mit der industriellen Automatisierung, Wenn die Maschinensteuerungsaufgabe auf drei oder mehr Stockwerken geplant ist, ist dies der Fall Die Gebäudeautomation wurde traditionell in drei Schichten unterteilt, Leitebene, Automationsebene und basieren auf der konventionellen Elektroinstanz. Verbunden werden die verschiedenen Ebenen über Schnittstellen über die der Datenaustausch erfolgt. Die Schnittstellendefinition ist extrem wichtig, weil wenige Gebäudeautomationssysteme auf allen Ebenen der Automatisierungspyramide homogen zusammenhängen. Das Einzelne, insbesondere die Integration von Subbussystemen, wird durch übergeordnete Systeme nicht vollständig beschrieben. Hier gibt es viel zu tun. (Bernd Aschendorf , 2014., S59).

3.3 Bestandteile und Anwendungsfunktionen

Möglichkeiten und die verschiedenen Anwendungsmerkmale des Smart-Home Systems werden auf den folgenden Seiten näher beschrieben. Daraus ergibt sich Überblick über die aktuelle Technik der automatisierten Haussteuerung geben. Die grundlegenden Komponenten eines Smart-Home-Netzwerks sind Energiemanagement, Entertainment und Komfort, Ambient Assisted Living, Sicherheit, Komfort und Wellness. Manche Anwendungsfunktionen können nicht explizit zugewiesen werden, sondern sind in einzelne Abschnitte integriert.

3.3.1 Energiemanagement

Ein Weg den Strombedarf zu reduzieren, ist einzelne Verbraucher gezielt und intelligent über Smart-Home aus und ein zu schalten. Dies gilt insbesondere heute bei der steigenden Zahl der Stromverbraucher. Diverse Studien haben gezeigt, dass die Energieeffizienz allein durch Kombination der verschiedenen Automatisierungstechniken in der Gebäudeautomation verbessert werden kann. Smarte Heizkörperthermostaten zur Einzelraumtemperaturregelung bieten hier schon ein enormes Energieeinsparpotential.

Die Heizleistung kann auf für jeden Raum mit individuellen Heizprogrammen definiert werden. So kann die Temperatur bei ungenutzten Räumen heruntergefahren werden, was nicht nur positiv auf den Energieverbrauch auswirkt, sondern auch auf den Wohnkomfort. Ergänzt man die Regelung der Heizkörper noch mit Fensterkontakten, die den geöffneten Zustand des Fensters erfassen, werden bei geöffnetem Fenster einzelne Heizkörper herunter geregelt und wird das Fenster geschlossen fährt der Heizkörper wieder automatisch auf die voreingestellte Temperatur. Untersuchungen und Umfragen zeigen, dass allein durch intelligente Heizungssteuerung Energie von 15% bis 30% eingespart werden kann.

Zur Regelung der Temperatur in den Wohnräumen können zusätzlich intelligent gesteuerte Sonnenschutz- oder Beschattungssystemen (Rollos, Jalousien etc.) eingesetzt werden und vor Hitze schützen. Die Steuerung hierfür reicht von einfachen Zeitintervallen über datums- und jahreszeitabhängigen Steuerungen bis hin zu Lichtsensoren und Wettervorhersagen aus dem Internet oder einer eigenen Wetterstation. (Statista, 2016).

Auch bei einem geregelten Luftaustauschsystem zur qualitativen Steigerung der Luftqualität und zur Unterbindung von Schimmel werden Smart-Home-Systeme eingesetzt die für regelmäßiges Lüften sorgen. Gerade bei energetisch sanierten Gebäuden muss für einen geregelten Luftaustausch gesorgt werden, um so die häufig auftretende Schimmelbildung durch Wärmebrücken zu vermeiden.

Beleuchtungskonzepte und Lichtsteuerung stellen einen weiteren wichtigen Aspekt der Hausautomation in Bezug auf den Stromverbrauch dar. Allein schon automatisiertes Ein- und Ausschalten von Lichtern und Steuerung von Dimmern helfen bei der Stromrechnung zu sparen. Da es im Bereich des Energiemanagements viele verschiedene smarte Anwendungsfunktionen gibt, trägt Smart-Home dazu bei, die Energieeffizienz von Gebäuden insgesamt zu verbessern, insbesondere bei den aktuell wichtigsten Umweltthemen, nämlich der Reduzierung des Energieverbrauchs und der Kohlendioxidemissionen.

Ein intelligentes Energiemanagement wird damit zu einem der wichtigsten Treiber von Smart-Home-Systemen.

An den Fenstern angebrachte Kontakte, die den geöffneten Zustand des Fensters erfassen, werden genutzt um den Heizvorgang bei geöffnetem Fenster zu unterbrechen und nach dem Schließen wieder zu starten

Studien und Umfragen zeigen, dass durch smarte Heizungssteuerung 15 % bis 30 % Energie eingespart werden können. (Karolin Wisser, 2018, S. 36).

3.3.2 Entertainment mit Komfort

Intelligente Netzwerktechnik im Unterhaltungs- und Kommunikationsbereich ist in deutschen Haushalten die am weitesten verbreitet Technik.

Das traditionelle Fernsehen tritt immer weiter in den Hintergrund und wird durch Online-Streaming-Portale abgelöst. So ist es möglich gezielt und zu einem individuellen Zeitpunkt Filme, Serien oder Sport anzusehen. In vielen, wenn nicht gar den meisten Haushalten sind Laptops, Smartphones und Tablets vorhanden. Smarte Fernseher die über das eigentliche Fernsehprogramm hinaus ausgestattet sind finden man in vielen Haushalten. Die diversen Geräte wie Smart TV, Audiogeräte, PCs und Smartphones können miteinander verbunden werden um beispielsweise Musik, Videos oder Bilder zu übertragen und abzuspielen.

Auch Interessant ist auch die Lautsprecherintegration. Sie können meist Kabellos in der gesamten Wohnung verteilt aufgestellt und zentral gesteuert werden. Musik kann so in allen Räumen gehört werden ohne überall ein Abspielgerät zu haben.

3.3.3 Sicherheit

Der Sicherheitsfaktor eines Gebäudes beschreibt nicht nur den Diebstahlschutz, sondern auch andere Gefahren, Schäden und Risiken, wie beispielsweise Brand-, Schimmel- oder Wasserschäden. Hier kann die Automatisierung von Gebäuden einen Beitrag leisten.

Darüber hinaus ist auch die Datensicherheit wichtig. Laut Polizeilicher Kriminalstatistik für 2015 stieg die Zahl der Einbruchdiebstähle in Deutschland im Vergleich zum Vorjahr um 9,9 %. Mehr als 40 % der Einbruchsversuche scheitern jedoch, auch aufgrund der zunehmenden Sicherheitstechnik in Haus und Wohnung (Karolin Wisser, 2018, S.19). Neben mechanischen Schutzmaßnahmen (z. B. Tür- und Fenster-Diebstahlsicherungen) gibt es im Rahmen der Gebäudeautomation auch elektronische Maßnahmen (Frank Völkel, 2015, S. 103-104). Nach Völkel et al. Simuliert die Anwesenheit, wenn die Bewohner nicht zu Hause sind, zum Beispiel auf langen Reisen. Anwesenheit wird durch automatische Licht- und Schattensteuerung simuliert. Dies kann mit einfacher Zeitsteuerung oder mit komplexen, unauffälligen Szenen erfolgen (Frank Völkel, 2015, S. 119).

Auch eine Videoüberwachung des Bereichs vor der Eingangstür oder des gesamten Grundstücks kann zur Abschreckung von Einbrechern eingesetzt werden (Frank Völkel, 2015, S. 105, 110). Nach Völkel et al. Datenschutz wird hier großgeschrieben: In der Regel können weder öffentliche Plätze noch die umliegenden Quartiere videoüberwacht werden. Aufgenommene Videos und Fotos werden in einem zentralen Netzwerkspeicher oder Cloud, einem externen Speicherplatz im Internet gespeichert. In beiden Fällen können die Daten auch mobil eingesehen werden, um das Zuhause zu überwachen (Frank Völkel, 2015, S. 111-112). Eine weitere Möglichkeit zur Diebstahlprävention ist die Aktivierung bereits vorhandener Sensoren, die auch zur Fenster- oder Lichtsteuerung eingesetzt werden (Frank Völkel, 2015, S. 103-118). Fensterkontakte oder Bewegungsmelder reagieren auf anormale Ereignisse, sobald eine Sicherheitsfunktion oder Alarmanlage aktiviert wird (Frank Völkel, 2015, S. 103-118).

Im Notfall stellt das System Sicherheitsfunktion bereit um Nachbarn oder Anwohner über voreingestellten Kontakten per SMS oder E-Mail oder gar per Telefon zu informieren. Darüber hinaus können andere Maßnahmen die Täter vertreiben: externe oder interne Sirenen, das Einschalten aller Lichter oder das Betätigen von Rollläden. Alle diese Funktionen können auch manuell über sogenannte Notruftasten aktiviert werden (Frank Völkel, 2015, S. 103-118). Es wird neben dem Bett installiert (Frank Völkel, 2015, S. 103-104). Wie bereits erwähnt, ist Gebäudesicherheit mehr als nur die Verhinderung von Diebstahl. Gebäudeautomation kann Personen- oder Sachschäden verhindern (Achim Heidemann, 2013, S. 37). Laut HBO (Hessische Bauordnung) müssen Wohnungen mit Rauchmeldern zur Früherkennung von Brandrauch ausgestattet sein (HBO 2011, S. 14).

Diese Verpflichtung gilt mittlerweile in jedem Bundesland, die Regelungen und die konkrete Umsetzung sind in den jeweiligen Landesbauordnungen festgelegt [49]. Gebäudeautomatisierung setzt jedoch weitreichendere Sicherheitsmaßnahmen um. Im Brandfall wird neben dem akustischen Alarm beispielsweise auch die Beleuchtung aktiviert (Frank Völkel, 2015, S. 17). Zudem können nicht nur Brände frühzeitig erkannt werden, sondern auch Wasserschäden. Spezielle Sensoren melden Wassereinbrüche und Überschwemmungen (Bernd Aschendorf, S. 27). Auch eine Überwachung und Kontrolle von Schaltzuständen, die ein Abschalten von Kochgeschirr oder anderen gefährlichen Geräten bei Abwesenheit ermöglichen, ist realisierbar und bietet zusätzliche Sicherheit, wie bereits erläutert (Bernd Aschendorf, S. 27).

Schließlich ist da noch das Thema Datensicherheit. Der Diebstahl digitaler Daten, die allein durch die Gebäudeautomation erzeugt werden, muss durch geeignete Datenschutzmaßnahmen verhindert werden. Nach Völkel et al. Ist eine Grundvoraussetzung die Verwendung verschlüsselter Verbindungen und sichere Passwörter (Frank Völkel, 2015, S. 142). Auch technische Lösungen können genutzt werden, um berechtigten Zutritt zu Gebäuden zu gewähren, wenn die Datensicherheit gewährleistet ist (Frank Völkel, 2015, S. 120-121). Der klassische Schlüssel wurde durch ein RFID-System (Radio Frequency Identification) ersetzt, das einen Code in einem Chip und ein Lesegerät an der Tür nutzte (Frank Völkel, 2015, S. 120-121). Bei Verlust wird der Zifferntastencode einfach gesperrt (Frank Völkel, 2015, S. 120-1219). Es besteht auch die Möglichkeit, Türen biometrisch zu öffnen, beispielsweise durch Scannen eines zuvor gespeicherten Fingerabdrucks, der Hand oder sogar der Iris (Frank Völkel, 2015, S. 120-121).

3.3.4 Ambient Assisted Living

Die Altersgrenze der Menschen verschiebt sich weiter nach oben, der demografische Wandel schreitet in Deutschland weiter voran. Die Entwicklungsprognose zeigt auf, dass im Jahr 2050 etwa 31% der deutschen Bevölkerung über 65 Jahre alt ist (Peter Georgieff, 2008, S.10).

Es ergeben sich hieraus neue Möglichkeiten für die Gebäudeautomation, mit deren Hilfe man älteren, kranken oder behinderten Menschen ein sichereres und selbstbestimmteres Leben in ihren eigenen 4 Wänden ermöglichen kann. Hierzu zählt nicht nur die psychische und körperliche Anpassungs- und Funktionsfähigkeit, sondern auch die soziale Handlungskompetenz, welche zu stabilisieren ist (Peter Georgieff, 2008, S.10-11). Diesem Thema nehmen sich die Konzepte des Ambient Assited Living (AAL), übersetz umgebungsunterstütztes Wohnen, an.

Hierfür kommen Sensoren und Aktoren zum Einsatz, angeschlossen an intelligente Systeme die zum Teil selbstlernend Situationen erkennen und vorgegebenen Aktionen ausführen. So helfen z.B. Sensoren verbaut in den Fußleisten (Karolin Wisser, 2018, S. 23) eines Raumes, den Sturz einer Person zu erkennen und selbständig z.B. eine Hilfskraft zu alarmieren. Andere Gefahren, die von potentiell gefährlichen Geräten wie einem Ofen oder Herd ausgehen können, werden durch automatisch ausgeschaltet Fußleisten (Karolin Wisser, 2018, S. 23).

AAL kann durch intelligente Hausautomation (Smart-Home) sinnvoll ergänzt werden (wie z.B. Lichtschaltung etc.). Die sogenannten Wearables, also mobile Computertechnologie direkt am Körper getragen wird, fallen nicht unter dem Konzept AAL (Kai Kasugai, 2016, S. 135).

3.3.5 Komfort und Wellness

Die einfachste Lösung, Haushaltsgeräte in die Hausautomation einzubinden, ist eine schaltbare Steckdose, die mit den meisten Systemen funktioniert. Einfache Geräte wie Kaffeemaschinen oder Radios können zeitgesteuert oder ereignisgesteuert ein- und ausgeschaltet werden. Weitere Haushaltsgeräte wie Waschmaschinen, Trockner, Geschirrspüler usw., die oft über eigene Steuerungen und

Mikroprozessoren verfügen, können auf diese Weise keine Programme starten, sodass sie in Smart-Homes integriert werden können (Schirrmacher et.al, 2015 , S58).

Als Begriff Cocooning, der in den 1980er Jahren aufkam, hatte man das Verhalten sich zurück in das häusliche Privatleben beschrieben. Dieser Trend wird er derzeit durch Homing, die Öffnung des eigenen Zuhauses für ein soziales Umfeld, ersetzt. Freizeitaktivitäten wie Kinobesuche oder Restaurantbesuche mit Freunden wurden in die eigenen vier Wände verlagert. Das eigene Badezimmer beschränkt sich nicht mehr nur auf funktionale Aspekte, sondern wird zur privaten Wellness-Oase und ersetzt den Besuch im öffentlichen Saunabereich. Die Automatisierung des Eigenheims bietet vielfältige Möglichkeiten, ein stimmiges Wellnesskonzept in den eigenen vier Wänden umzusetzen. Mit nur einem Befehl werden Szenen aufrufen, die das Licht dimmen und ein beruhigendes warmes Farbspektrum auswählen, die Temperatur auf ein angenehmes Niveau erhöht und passende Musik abgespielt. Mit der Möglichkeit, das eigene Zuhause fernzusteuern, wird sichergestellt, dass dem Wellness-Aufenthalt nach der Arbeit nichts im Wege steht. Auch beim Winterspaziergang können die Bewohner ihr Smart-Home benachrichtigen, wenn sie die Sauna aufwärmen müssen (Schirrmacher et.al, 2015 , S65).

4   Chancen und Risiken

Effizienz und Kostenreduktion sind zwei wichtige Gründe für den Einsatz von Smart-Home Systemen. Durch die intelligente Vernetzung und automatisierte Umsetzung von Schalt und Regelvorgängen wird der Einsatz von Energie reduziert und die Kosten somit gesenkt. Durch die zeitgenaue Erfassung und Visualisierung der Verbräuche und Kosten erzielt man eine Sensibilisierung und Kostenkontrollmöglichkeit. Doch auch die Steigerung des Wohnkomforts sind Entscheidungsgründe für Smart-Home. So kann Smart-Home den Alltag erleichtern und auch in Form einer komfortablen Automatisierung erreicht werden, die zudem Zeit sparen kann. Connected Home Automation kann auch mittels Fernabfragen über den Zustand des eigenen Zuhauses über das Internet aufrufen. Aber auch für Smart-Home-Nutzer ist es sinnvoll, die Sicherheit zu Hause zu verbessern, einerseits durch Diebstahlschutz, andererseits durch Vermeidung von Gefahrenquellen im Haus. Darüber hinaus kann intelligente Technologie älteren und körperlich behinderten Menschen helfen, ein autonomes Leben in ihren eigenen vier Wänden zu führen.

Die Lebensqualität der Nutzer wurde durch den großen Fortschritt im Bereich Smart-Home Networking und der damit verbundenen Technik deutlich verbessert und vereinfacht. Ganz nebenbei aber wird der Wert eines Gebäudes durch den Einbau smarter Systeme gesteigert. Im Bereich der Gebäudevermietung findet man hier ein klares Differenzierungsmerkmal. Dabei bergen, insbesondere im Bereich des Wohnungsbaus, intelligente Systeme noch große Potentiale für den Nutzer und damit auch für die Wirtschaft. Der Smart-Home-Markt ist ein stark wachsender Bereich, was sich unmittelbar und positiv auf die gesamte Branche und deren Arbeitsplätze durch Schaffung neuer Arbeitsplätze auswirkt und somit auch auf das gesamtwirtschaftliche Wachstum in Deutschland. Erneuerbare Energien können auch im privaten Sektor einfach in das bestehende Versorgungsnetz eingebunden werden und so zur Versorgungssicherheit und Kostensenkung und Umweltschutz beitragen. In dieses Thema zahlt auch die Elektromobilität ein, verbunden mit regenerativer Energie und intelligenten Stromnetzen (Smart Grids), wird der Verbrauch und Einspeisung kosteneffektiv gesteuert. Großes Potential ist auch im Bereich der Gesundheit und ihrer Überwachung (e-Health, AAL) zu finden. Medizintechnik findet Einzug in das Zuhause und hilft schnell, sicher und bequem den eigenen Gesundheitszustand zu ermitteln und im Notfall an z.B. den Hausarzt weiter zu leiten.

Neben all den vielen Vorteilen bei Smart-Home Systemen darf man die Nachteile und Risiken nicht übersehen. Die starke Zunahme der Systeme führt für den Laien zu einem nur schwer zu überschauenden Markt. Erschwerend kommt hinzu, dass unterschiedliche Standards verwendet werden, die oft nicht miteinander kompatibel sind proprietäre Software und APPs für das Smartphone oder Tablet machen es dem Anwender nicht einfacher. Dazu kommen die teilweise hohen Initial-Kosten für die Smart-Home Systeme. Bei kabelgestützten Systemen kommt dann noch der Aufwand und die Kosten für die Gebäudeverkabelung dazu. Um eine hohe Flexibilität und auch Investitionssicherheit bei den intelligenten Systemen zu erhalten, ist der Einsatz verschiedener Hersteller oft ein sicherer Weg. Dies setzt jedoch die Kompatibilität untereinander voraus. Neben den kabelgestützten Systemen haben sich vermehrt Smart-Home Lösungen über Funkt etabliert. Auch hier kommt die Problematik der unterschiedlichen Standards zum Tragen und dazu auch mögliche Störsignale durch andere Funksysteme.

Da die meisten Smart-Home Systeme an das Internet angebunden sind um den Komfort und Remote Zugang zu ermöglichen, stellt sich hier die Bedrohung durch Hackangriffe. Bei nicht oder schlecht geschützten Systemen können Fremde nicht nur auf Smart-Home-Systeme zugreifen, sondern auch Malware und Viren installieren. Auf diese Weise können Systeme ausfallen oder private Daten entwendet und missbraucht werden. Auch können so SmartHome Systeme gekapert und die Steuerung übernommen werden.

Hacker können auch Fremde über die Privatsphäre der Bewohner informieren, indem sie die privaten Daten nutzen oder Zugang zu Überwachungskameras erhalten bzw. anderen gewähren. Insbesondere der Schutz der intelligenten Systeme und die Voreinstellung einiger Hersteller ist noch unzureichend, was bei einem mangelnden technischen Verständnis der Anwender zu einem angreifbaren Gesamtsystem im Zweifel inklusive der sonstigen Netzinfrastruktur führen kann. In einem Schadensfall ist die Abwicklung und eventuelle Entschädigung aufgrund der schwachen Gesetzeslage nicht ganz einfach.

Trotz der Weiterentwicklung der Gesetzgebung im Bereich des Datenschutzes eröffnen sich durch den schnell wachsenden Smart-Home Markt den Herstellern Anbietern und Dienstleistern die Möglichkeiten Nutzer zu überwachen und die Daten des Nutzers für Unternehmerische Zwecke zu nutzen. Auch wächst mit zunehmender Nutzung die Gefahr einer Abhängigkeit von den intelligenten Systemen, welches sie besonders bei Stromausfall oder einem Defekt bemerkbar macht.

Smarte Systeme funktionieren nicht und viele Grundfunktionen, wie das Öffnen und Schließen von Türen durch elektronische Türschlösser, führen zu erheblichen Einschränkungen und Sicherheitslücken. Gerade bei Drahtlosen Systemen können fremde Signale anderer technischer Geräte die Steuerung beeinflussen. (Sebastian Poppitz, 2018).

Der hohe Interoperabilitäts- und Sicherheitsstandard in Deutschland kann bei entsprechender Etablierung deutscher Smart-Home-Systeme auch weltweit, für deutsche Unternehmen einen Wettbewerbsvorteil auf dem Weltmarkt sein. (Sebastian Poppitz, 2018).

Auch benachbarte Branchen wie Bau, Elektro und IT sollen vom Ausbau der Smart-Home-Technologie in Deutschland profitieren.

5 Fazit

Es lässt sich sagen, dass Smart Devices im Wohnbau bereits über unzählige technische Möglichkeiten und vielfältige Anwendungsfunktionen verfügen. Mit der Realisierung des Smart-Home lassen sich Vorteile wie verbesserter Komfort, Sicherheit und Energieeffizienz realisieren. In den Bereichen Energiemanagement, Entertainment und Kommunikation, Gebäude- und Wohnungssicherheit sowie Komfort und Gesundheit haben intelligente Systeme bereits unzählige unterschiedliche Anwendungsfunktionen. AAL ist ein Bereich, der insbesondere aufgrund des demografischen Wandels immer wichtiger wird. Angesichts des demografischen Wandels werden diese altersunterstützenden Assistenzsysteme eine wichtige Rolle spielen, um Senioren und Pflegebedürftigen zu helfen, so lange wie möglich selbstständig in der eigenen Wohnung zu leben. Der Markt für smarte, intelligente Systeme in Wohngebäuden ist in den letzten Jahren exponentiell gewachsen.

Trotzdem ist die Marktgröße noch klein, weshalb es viele Förderprojekte und Initiativen zum Ausbau und zur Weiterentwicklung der Smart-Home-Technologie gibt. Auf Basis aktueller Marktprognosen wird zukünftig ein noch stärkeres Wachstum des Smart-Home-Marktes inklusive einer Zunahme digitaler Netze erwartet. Dennoch ist Deutschland gerade im Wohnungsbau noch weit von einer Marktdurchdringung von Smart-Home-Lösungen entfernt.

Auf der einen Seite gibt es Interessenskonflikte zwischen den zahlreichen Akteuren, die intelligente Systeme im Wohnungsbau einsetzen, mit unterschiedlichen Interessen. Andererseits ergeben sich auch Schwierigkeiten durch die Diversität der Nutzergruppen, die mit den unterschiedlichen Bedürfnissen und Anforderungen an die Smart-Home-Vernetzung einhergehen. Diese Gründe erschweren es Smart-Home-Systemen, im Wohnungsbau Fuß zu fassen.

6 Literaturverzeichnis

Aschendorf, Bernd (Energiemanagement 2014), Energiemanagement durch Gebäudeautomation. Grundlagen - Technologien – Anwendungen, Wiesbaden:Springer 2014.

Balta-Ozkan N, Boteler B, Amerighi O (2014) European Smart-Home market development: public views on technical and economic aspects across the United Kingdom, German and Italy. Energy Res Soc Sci 3:65–77. https://doi.org/10.1016/j.erss.2014.07.007

Balta-Ozkan, N., Davidson, R., Bicket, M., & Whitmarsh, L. (2013). Soziale Barrieren für die Annahme von intelligente Häuser. Energiepolitik, 63, 363–374.

BauNetz Media GmbH: Arten der Klimatisierung | Gebäudetechnik | Kühlen/Klimatisieren | Baunetz_Wissen. o. J. https://www.baunetzwissen.de/gebaeudetechnik/fachwissen/kuehlen-klimatisieren/arten-der-klimatisierung-2492291, 02.11.2017.

Demiris, G., Hensel, K., Skubic, M., & Rantz, M. (2008). Wahrgenommener Bedarf und Vorlieben von Senioren an „Smart Home"-Sensortechnologien. International Journal of Technology Assessment in Health Care, 24(1), 120–124.

Georgieff, Peter (2008) Ambient Assisted Living Marktpotenziale IT-unterstützter Pflege für ein selbstbestimmtes Altern, MFG Stiftung Baden-Württemberg, 2008

Heidemann, Achim: Nachhaltigkeit durch Gebäudeautomation. Auswirkungen von Gebäudeautomation auf die Nachhaltigkeit von Gebäuden im Lebenszyklus. Stockach 2013.

Hessischer Landtag: Hessische Bauordnung (HBO) 2011. Hessisches Ministerium für Wirtschaft, Verkehr und Landesentwicklung Referat VII 3 (Baurecht).

Kasugai, Kai; Ziefle, Martina: Ambient Intelligence im Living Lab. In: Marquardt, Gesine (Hrsg.): MATI. Mensch - Architektur - Technik - Interaktion für demografische Nachhaltigkeit. Stuttgart 2016, 130–139. 38. Klöpfel, Frank - TU Chemni

Mani, Z., & Chouk, I. (2017). Treiber des Widerstands der Verbraucher gegenüber intelligenten Produkten. Zeitschrift für Marketingmanagement, 33 (1–2), 76–97.

Marikyan, D., Papagiannidis, S., & Alamanos, E. (2019). Eine systematische Überprüfung der Smart-Home-Literatur: Eine Benutzerperspektive. Technologische Prognosen und sozialer Wandel, 138, 139–154.

Micksch, Konrad: Energieeffiziente Lösungen im Wohnungsbau. Handbuch für Analyse, Planung und Projektentwicklung. Berlin 2015.

Statista GmbH (2021): Smart Home. In: Statistiken zur Internetnutzung weltweit | Statista (Zugriff am 27.07.2022)

Splendid Reseach, (Studie,2020), Deutsche schöpfen das Potenzial von Smart Home immer besser aus, https://www.splendid-research.com/de/splendid-news/pressemitteilungen/deutsche-schoepfen-das-potenzial-von-smart-home-immer-besser-aus?campaignid=17388977422&adgroupid=&adid=&gclid=Cj0KCQjw0JiXBhCFARIsAOSAKgA7FxCZTfvx--FbgSt5CPfgOEa8hPSPsm-pgROaeRkA0gzRJjjsbcUaAieTEALw_wcB (Zugriff am 30.07.2022)

Poppitz, Sebastian: (Smart-Home 2018), Technische Anforderungen durch intelligente, smarte Systeme im Bereich des Wohnungsbaus, 2018

Rauchmelderpflicht.net: Rauchmelderpflicht in Deutschland. 2015. http://rauchmelderpflicht.net/rauchmelderpflicht-deutschland/ , (Zugriff am 30.07.2022)

Schirrmacher, Katrin; Hausmann, Stefan; Arns, Tobias (2015): Smart-Home 2015: Die optimale Lösung für ihr Zuhause. Bonn: Deutsches CleanTech Institut GmbH., 2015

Sanguinetti, A., Karlin, B., & Ford, R. (2018). Den Weg zur Einführung von Smart Home verstehen: Segmentierung und Beschreibung der Verbraucher im gesamten Innovationsentscheidungsprozess. Energieforschung & Sozialwissenschaften, 46, 274–283.

Statista GmbH (2016) : Wie ist Ihre Einstellung zum vernetzten Wohnen/zu Smart-Home-Anwendungen insgesamt? nach Alter. 2016.
https://de.statista.com/statistik/daten/studie/164392/umfrage/kenntnis- von-connected-home-und-heimvernetzung-nach-alter/ (Zugriff am 30.07.2022)

Stojkoska, BLR, & Trivodaliev, KV (2017). Ein Rückblick auf das Internet der Dinge für Smart Home: Herausforderungen und Lösungen. Zeitschrift für sauberere Produktion, 140, 1454–1464.

VERLAG DEUTSCHE POLIZEILITERATUR GMBH: Einbruch-Statistik. Polizeiliche Kriminalstatistik 2015. 2015. https://www.polizei-dein-partner.de/themen/einbruchschutz/ein- bruchschutz-intensiv/detailansicht-einbruchschutz-intensiv/artikel/einbruch-statistik.html., (Zugriff am 30.07.2022)

Völkel, Frank; Lorbach, Ingrid: Smart home. Bausteine für Ihr intelligentes Zuhause. Freiburg, München 2015.

Wilson, C., Hargreaves, T., & Hauxwell-Baldwin, R. (2015). Smart Homes und ihre Nutzer: Eine Systematik
Analyse und zentrale Herausforderungen. Personal and Ubiquitous Computing, 19(2), 463–476.

Wisser, Karolin (Smart-Home,2018). Gebäudeautomation in Wohngebäuden (Smart Home), Wiesbaden: Springer. 2018

Yang, H., Lee, H., & Zo, H. (2017). Nutzerakzeptanz von Smart-Home-Diensten: Eine Erweiterung der Theorie des geplanten Verhaltens. Industrielle Management- und Datensysteme, 117 (1), 68–89.